Exploremos la ciencia

ANIMALES INVASORES

AMANDA DOERING TOURVILLE

Rourke
Educational Media

rourkeeducationalmedia.com

www.rourkeeducationalmedia.com

Photo Credits: Cover: Clockwise from top left: David P. Lewis/Shutterstock Images, iStockphoto, Photographic Australia/Shutterstock Images, Hans Van Camp/Shutterstock Images, Vladimir Chernyandskiy. Interior: Photographic Australia/Shutterstock Images; 1, 32; Jeffrey Stone/ Shutterstock Images; 4; Stephen Strathdee/iStockphoto; 5; Felix Mizioznikov/Shutterstock Images; 6; Natural Resource Conservation Service; 7; Richard Cano/iStockphoto; 8 (top); Seleznev Valery/ Shutterstock Images; 8 (bottom); AZPworldwide/Shutterstock Images; 9; Andrea Gingerich/ iStockphoto; 10; Al Mueller/Shutterstock Images; 11; Steffen Foerster Photographer/Shutterstock Images; 12; Thomas Barrat/Shutterstock Images; 13; Tom C. Amon/Shutterstock Images; 14 (top); Shutterstock Images; 14 (bottom), 20, 31, 45; Matt Niebuhr/Shutterstock Images; 15; Martin Maun/Shutterstock Images; 16; Nico Smit/iStockphoto; 17 (top; Prill Mediendesign & Fotografie/ iStockphoto; 17 (middle); Tim Abbott/iStockphoto; 17 (bottom); Brett Hillyard/iStockphoto; 18 (top); Mau Horng/Shutterstock Images; 18 (bottom); iStockphoto; 19, 24, 28 (top), 41; Red Line Editorial, Inc.; 21 (top), 33 (top); Eric Isselée/iStockphoto; 21 (bottom); Bruce MacQueen/iStockphoto; 22; Jens Ottoson/Shutterstock Images; 23; Dorling Kindersley; 25; Vladimir Chernyandskiy/iStockphoto; 26; Laurie L. Snidow/iStockphoto; 27 (top); Photograph courtesy of the U.S. Geological Survey; 27 (second from top); Scott Bauer/United States Department of Agriculture; 27 (second from bottom), 28 (bottom); Peggy Greb/United States Department of Agriculture; 27 (bottom); Paul Roux/ iStockphoto; 29; Michael Pettigrew/Shutterstock Images; 30; David P. Lewis/Shutterstock Images; 33 (bottom); NatalieJean/Shutterstock Images; 34; Eugene Gordin/Shutterstock Images; 35; Sherwin McGehee/iStockphoto; 36; Vassiliy Vishnevskiy/iStockphoto; 37 (top); Rui Saraiva/iStockphoto; 37 (bottom); Holger W./Shutterstock Images; 38; Damian Herde/Shutterstock Images; 39; Marek Mnich/iStockphoto; 40; Jamie Wilson/iStockphoto; 42 (top); Iain Sarjeant/iStockphoto; 42 (bottom); Douglas Allen/iStockphoto; 43; Tim Osborne/iStockphoto; 44

Editor: Amy Van Zee

Cover and page design: Kazuko Collins

Content Consultant: Martha Groom, Professor of Conservation Biology, University of Washington

Editorial/Production services in Spanish
by Cambridge BrickHouse, Inc.
www.cambridgebh.com

Tourville, Amanda Doering,
Animales invasores / Amanda Doering Tourville.
(Exploremos la ciencia)
ISBN 978-1-62717-281-3 (soft cover - Spanish)
ISBN 978-1-62717-473-2 (e-Book - Spanish)
ISBN 978-1-61590-558-4 (soft cover - English)
ISBN 978-1-63155-071-3 (hard cover - Spanish)
Library of Congress Control Number: 2014941368

Printed in China, FOFO I - Production Company
Shenzhen, Guangdong Province

Also Available as:

Educational Media

rourkeeducationalmedia.com

customerservice@rourkeeducationalmedia.com • PO Box 643328 Vero Beach, Florida 32964

Contenido

¿Qué son los animales invasores?. 4

¿De dónde vienen y cómo llegaron hasta aquí? . . 18

¿Qué daños causan las especies invasivas?. 24

Las peores 32

Cómo controlar las especies invasivas 38

Glosario 46

Índice 48

Capítulo 1

¿QUÉ SON LOS ANIMALES INVASORES?

Cajones de madera llegan desde China a un almacén en los Estados Unidos. Los trabajadores están tan ocupados desempacando los materiales, que no notan a un escarabajo negro mirando hacia fuera de uno de los cajones. El escarabajo se escabulle por el piso y sale por debajo de la puerta del almacén.

Las especies invasoras pueden viajar hacia nuevos lugares a bordo de barcos mercantes.

Los productores de caña de azúcar en Hawai tenían un problema con los insectos que se comían sus cosechas. Entonces importaron el sapo de la caña desde Sudamérica para que se comiera a los insectos. Los sapos crecieron mucho y se reprodujeron rápidamente. Son venenosos para cualquiera que trate de comérselos. Ahora, los sapos de la caña son la verdadera plaga.

Estos son ejemplos de animales invasores. Los animales llegan a un nuevo entorno. A veces se traen accidentalmente y a veces a propósito. Estos animales han invadido parte de los Estados Unidos. También han causado problemas en su nuevo **hábitat**. Se han convertido en especies invasoras.

Algunas especies invasoras pueden agarrarse a las partes sumergidas de un bote y llegar a nuevos cuerpos de agua.

HÁBITATS: NATIVAS CONTRA INVASORAS

Un hábitat es el ambiente natural donde vive un animal. El hábitat ofrece todo lo que el animal necesita para sobrevivir. Esto incluye alimentos, agua y refugio. La mayoría de los animales se adapta al hábitat en que viven. Esto significa que tienen las características que necesitan para sobrevivir. Por ejemplo, los camellos tienen largas pestañas para proteger sus ojos de la suciedad y la arena que arrastra el viento en el desierto donde viven. Como la mayoría de los animales se adapta específicamente a sus hábitats, no son generalmente capaces de sobrevivir en un medioambiente totalmente distinto.

Los **animales nativos** son animales que existían en sus hábitats antes de la llegada de los seres humanos. Los **animales no nativos** son animales que han sido llevados a una nueva ubicación.

Las especies invasoras son las especies no nativas que causan daños a otras especies del **ecosistema** donde se han introducido. Generalmente, los animales no nativos son transferidos a través de la actividad humana. La introducción de estos nuevos animales a menudo puede causar problemas graves. Cuando surgen problemas, estos animales se convierten en una especie invasora.

Las especies no nativas sobreviven solo si la nueva ubicación es un hábitat similar al que vivían. Un animal que está acostumbrado a vivir en un bosque con mucha agua y árboles, se moriría en un desierto seco.

7

El ganado vacuno no es nativo de América del Norte y proporciona leche, carne y piel a los seres humanos.

No todos los animales no nativos son invasivos. Muchas especies no nativas son buenas. Por ejemplo, el **ganado** criado en los Estados Unidos, como vacas, cerdos y pollos, no es nativo de América del Norte. Los colonos europeos trajeron estos animales para ser criados para comerlos. Los europeos también trajeron las abejas. Las abejas polinizan las flores y muchos cultivos.

Solo del 10 al 15 % de los animales recién introducidos se **establecen** y se reproducen en su nuevo hábitat. El resto muere. Menos del 1 % de los animales no nativos crearán problemas en sus nuevos entornos.

Las abejas producen sustancias como la miel y la cera, que son beneficiosas para los seres humanos.

Pero estas especies invasoras pueden causar enormes daños. Los animales invasores causan la destrucción del hábitat. Ellos a veces amenazan y hasta causan la **extinción** de animales y plantas nativas. También pueden causar miles de millones de dólares en daños. Los animales invasores pueden incluso causar daño a los seres humanos a través de picaduras y enfermedades. Cada tipo de ambiente en la Tierra se distingue por su clima y las especies que viven allí. Cinco de los entornos más comunes son: el acuático, la pradera, la tundra, el bosque y el desierto.

Los insectos invasores pueden causar grandes daños a las cosechas.

¿SABÍAS QUE...?

¿Qué hace a una especie invasiva? Aquí están algunos rasgos comunes de las especies animales invasivas:
- Son no nativas.
- Son capaces de hacerle daño a los hábitats nativos, la economía o la salud pública.
- Tienen pocos depredadores naturales en sus nuevos hábitats.
- Se reproducen a ritmos altos.
- Son capaces de competir con especies nativas por recursos como la comida y el espacio.
- Son capaces de **prosperar** en diferentes entornos.

HÁBITATS ACUÁTICOS

Los ambientes acuáticos pueden ser de agua de mar o agua dulce. Los hábitats de agua de mar tienen una alta cantidad de sal. Los océanos son hábitats marinos muy variados. Están llenos de vida, desde pequeños animales unicelulares a las enormes ballenas. Los océanos son el hogar de peces, como tiburones y rayas, y de mamíferos como focas, ballenas, manatíes y delfines. Muchas especies de tortugas, serpientes, cangrejos, camarones, langostas, medusas, pulpos y gusanos también viven en el océano.

Los peces, los corales y las anémonas conviven en el hábitat marino.

Los ambientes de agua dulce incluyen estanques, lagos, arroyos, ríos y humedales. Los humedales y otros hábitats de agua dulce son el hogar de muchos animales, incluyendo peces. Otros animales que viven en hábitats de agua dulce incluyen castores, nutrias, ranas, tortugas, caimanes y cocodrilos. Muchas aves como los patos, las grullas y cigüeñas anidan cerca de los humedales.

Las especies invasoras acuáticas se pueden propagar fácilmente. Algunos se adhieren a los barcos y se trasladan a otro cuerpo de agua. Otros se introducen a propósito. Los invasores acuáticos en los Estados Unidos incluyen a la nutria y los **mejillones** cebra.

Las grullas anidan en los humedales y otros hábitats de agua dulce.

Algunas sabanas de África son muy secas. Los animales pasan trabajo para encontrar agua.

PRADERAS

Los pastizales pueden ser encontrados tanto en climas calientes como fríos, desde la sabana hasta la pradera. Las praderas tienen principalmente pastos y pocos o ningunos árboles. Las praderas norteamericanas son el hogar de bisontes, ciervos, coyotes, liebres, serpientes, ratones y perros de la pradera. Las aves también se elevan por encima de las praderas buscando ratones y otros roedores. El ganado a menudo pasta en las praderas, pero no es nativo de los Estados Unidos. El ganado **salvaje** puede formar manadas y dañar las praderas al pisotear la vegetación. En Hawai, el ganado salvaje ha impedido el crecimiento de algunas plantas nativas.

TUNDRA

A diferencia de las sabanas y praderas, la tundra es muy fría. Las temperaturas pueden llegar a -70 grados Fahrenheit (-55 Celsius). El suelo está generalmente cubierto de nieve o hielo y el suelo profundo permanentemente congelado. La tundra del norte es hogar de varios tipos de aves, lobos y caribúes.

Algunos animales se han mudado a la tundra del norte provenientes de los hábitats del sur. Estos animales amenazan a las especies animales nativas. Por ejemplo, el zorro rojo compite con el zorro ártico nativo por alimento y recursos.

El pelaje grueso del zorro del ártico le permite mantenerse caliente en climas fríos.

BOSQUES

Los ambientes boscosos también abarcan una amplia gama de climas. Los bosques lluviosos tropicales son cálidos durante todo el año, y reciben mucha lluvia. Aunque los bosques tropicales cubren solo el 6 % de la superficie de la Tierra, son el hogar de una enorme cantidad de plantas y animales. Los bosques tropicales son el hogar de jaguares, monos, aves coloridas, ranas, serpientes, mariposas y miles de otras especies.

Hay sapos tropicales de muchos colores.

Algunos bosques tropicales tienen más de 250 tipos diferentes de árboles. Casi la mitad de las especies de plantas en el mundo crecen en las selvas tropicales.

Los bosques templados son mucho más fríos que los bosques tropicales. Aunque generalmente reciben menos lluvia que los bosques tropicales, los bosques templados reciben suficiente lluvia como para albergar muchos árboles. Estos hábitats forestales son el hogar de animales como ciervos, osos, zorros, lobos, conejos, ardillas y muchas aves e insectos.

Otras especies animales como los jabalíes y cabras pueden dañar los hábitats forestales. Ellos excavan la tierra y destruyen la vegetación. El ciervo fue introducido en los países de América del Norte y del Sur. Estos ciervos interfieren con el crecimiento de las plantas nativas y compiten con otros animales nativos por espacio y alimento.

En muchos bosques los inviernos pueden ser muy fríos. Algunos animales del bosque hibernan durante los meses fríos de invierno.

DESIERTOS

Los hábitats desérticos se encuentran en todos los continentes y son muy secos. Reciben menos de 10 pulgadas (25.4 centímetros) de lluvia cada año. Las temperaturas en el desierto del Sahara, en África, pueden alcanzar hasta 120 grados Fahrenheit (50 grados centígrados) durante un día de verano. Los desiertos no siempre están calientes. El Sahara es fresco en el invierno y por la noche.

Los animales del desierto están preparados para sobrevivir con poca agua. En el desierto viven animales como los zorros, lagartos, las serpientes y muchos tipos de arañas y escorpiones. La hormiga roja de fuego importada es un ejemplo de especie invasiva que afecta los hábitats del desierto. Estas hormigas pican e inyectan veneno en sus enemigos. Ellas pican a muchas personas cada año.

Como los desiertos reciben muy poca precipitación, pocas plantas y animales son capaces de sobrevivir en este tipo de hábitat.

Escorpión

Lagarto

Zorro

17

Capítulo 2

¿DE DÓNDE VIENEN Y CÓMO LLEGARON HASTA AQUÍ?

Las especies invasoras vienen de todas partes del mundo. Ellas habitan en casi todas las zonas de América del Norte. Estos animales invasores son transferidos por vías naturales o humanas.

Los animales a veces llegan a hábitats distantes por vías naturales. Las corrientes oceánicas, las corrientes de aire y haciendo autostop sobre otros animales, son algunas maneras en que las especies son introducidas en sus nuevas ubicaciones.

Los huevos diminutos de insectos se adhieren a las hojas y pueden ser llevados a lugares nuevos por animales o por el viento.

Las vías de introducción humanas son la fuente más común de invasión animal. Las vías humanas son causadas por actividades como el envío internacional, los viajes, el comercio de mascotas, los métodos de cultivo y los mercados de alimentos. A medida que las actividades humanas internacionales aumentan, también aumentan las oportunidades de expansión de las especies potencialmente invasoras a nuevos hábitats en todo el mundo. Las vías humanas pueden ser **intencionales** o **no intencionales**.

La nutria puede llegar a pesar 20 libras (9 kilogramos).

Los animales a menudo se llevan intencionalmente a nuevos emplazamientos, para servir como alimento, como mascotas o para luchar contra otras especies invasivas. La nutria es un roedor grande que fue traído a Luisiana desde América del Sur en la década de 1930. La gente quería criarlas por su piel. Una vez que fueron puestas en libertad en la naturaleza invadieron ciénagas y humedales.

Muchos pequeños animales invasores, como los insectos, son introducidos por accidente. Estas especies son transportadas en cargueros, en cajas de envío, en el agua o el piso de naves. Muchos también viajan en la leña o en plantas.

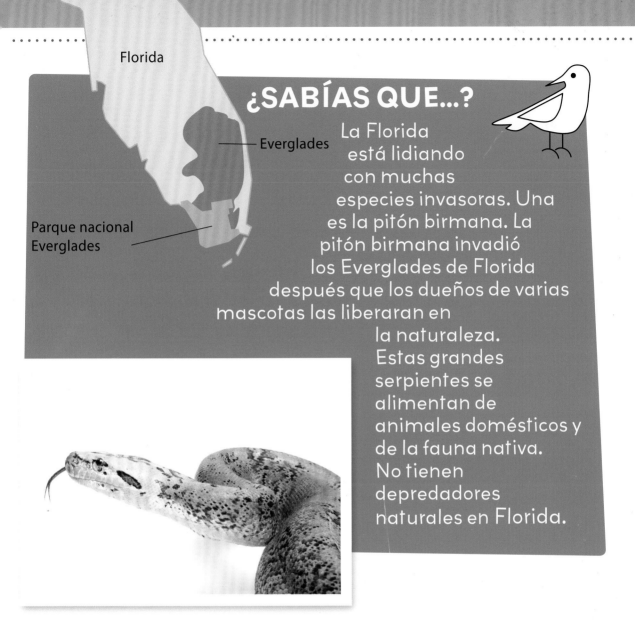

Florida

Everglades

Parque nacional
Everglades

¿SABÍAS QUE...?

La Florida está lidiando con muchas especies invasoras. Una es la pitón birmana. La pitón birmana invadió los Everglades de Florida después que los dueños de varias mascotas las liberaran en la naturaleza. Estas grandes serpientes se alimentan de animales domésticos y de la fauna nativa. No tienen depredadores naturales en Florida.

Pero los animales invasores no siempre vienen de lugares lejanos. A veces un animal que es nativo de una parte del país se extiende a otras partes del mismo país. A menudo esta nueva ubicación está separada del hábitat nativo por una gran barrera, como una cadena montañosa.

Sin depredadores, las poblaciones de la rana toro han crecido rápidamente en el oeste.

Por ejemplo, la rana toro es originaria de las partes centrales y orientales de los Estados Unidos, pero nunca vivieron al oeste de las Montañas Rocosas. A finales de 1800, las ranas toro fueron traídas a California para usarlas como alimento. Al poco tiempo, mucha gente disfrutaba al comer ancas de rana. Pero algunas ranas fueron puestas en libertad.

Actualmente, las ranas toro no son un problema en el centro y el oriente de los Estados Unidos. Los depredadores de esas zonas se comen las ranas toro y sus huevos. Pero en el oeste, las ranas toro tienen pocos depredadores. Su número ha crecido rápidamente fuera de control. Las ranas toro se alimentan de los animales nativos occidentales y casi han acabado con una especie nativa de rana, la rana leopardo de Chiricahua, en Arizona.

Incluso los perros y los gatos pueden convertirse en animales invasores. Ellos no son nativos de los Estados Unidos. A veces la gente no puede cuidar a sus mascotas. Ellos creen estar haciendo el bien cuando los dejan libres en un hábitat natural. A veces estos animales mueren. Pero a veces sobreviven y se convierten en animales salvajes que pueden dañar a otras especies o diseminar enfermedades.

Los animales que eran mascotas pero se volvieron **silvestres** son llamados animales asilvestrados. Los gatos callejeros se alimentan de las aves silvestres. También pueden lastimar o matar a gatos domésticos que se queden afuera. Los perros salvajes comen mascotas y animales como los pollos. A veces incluso atacan a los seres humanos.

Algunos expertos estiman que hay más de 70 millones de gatos salvajes viviendo en los Estados Unidos.

Capítulo 3

¿QUÉ DAÑOS CAUSAN LAS ESPECIES INVASIVAS?

Las especies invasivas compiten y hasta se comen a los animales nativos. Las especies invasoras también pueden traer enfermedades a sus nuevos hábitats, matando animales y plantas nativas. Algunos animales invasores destruyen hábitats. Otros dañan los cultivos. Esto puede costar millones de dólares. Algunas especies no nativas pueden, incluso, hacerle daño a los seres humanos.

Los arrecifes coralinos son ricos en especies de plantas y animales.

Las especies invasoras son una amenaza para la **biodiversidad**. La biodiversidad abarca la diversidad de formas vivientes en la Tierra, incluyendo la variedad de tipos genéticos, especies y ecosistemas. Las áreas con un alto nivel de biodiversidad son más capaces de resistir la **infestación** de especies no nativas.

Las especies invasoras pueden causar interrupciones en la **cadena alimentaria**. Todos los ecosistemas tienen cadenas alimentarias múltiples, en las cuales ciertos animales se comen a otros animales, que a su vez comen otros organismos o plantas.

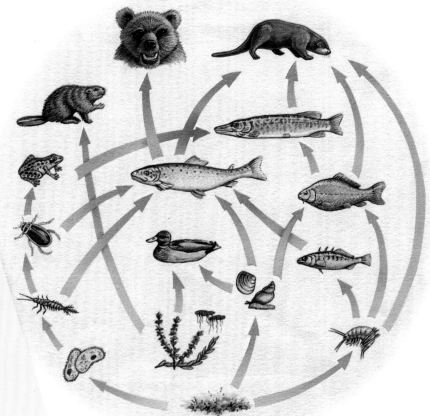

Los animales están interconectados mediante las cadenas alimentarias de sus ecosistemas.

Cuando una especie invasora llega a un nuevo entorno, la especie compite con los animales nativos por el alimento, el espacio y otros recursos. Si la competencia se convierte en feroz, el animal invasor puede reducir el tamaño de la población e incluso provocar la extinción de especies nativas. Esto puede afectar a otras especies en la cadena alimentaria. La competencia de las especies invasoras puede causar problemas a través de la cadena alimentaria.

	Animal invasivo	Efecto en animales o plantas nativas	Región afectada
	Cerdo salvaje	Los cerdos salvajes arrancan de raíz las plantas nativas y dañan el hábitat de otros animales.	Muchas partes de los Estados Unidos como Texas, California, y el sur
	Caracoles del lodo de Nueva Zelanda	El caracol de fango de Nueva Zelanda compite con los caracoles nativos. Su introducción ha llevado a la disminución en las poblaciones de peces y caracoles nativos.	Río Snake en Idaho, los Grandes Lagos
	Orugas de la polilla gitana europea	La oruga de la polilla gitana europea debilita y mata árboles comiéndose sus hojas. Las aves y otras especies que vivían en los árboles se ven obligadas a buscar nuevos hábitats.	Muchas partes de los Estados Unidos, especialmente el noreste
	Chicharrita de alas cristalinas	La chicharrita de alas cristalinas trasmite bacterias a las plantas de uva. Estas bacterias matan a la planta mediante el bloqueo de sus sistemas de agua y nutrientes.	California

Los insectos causan la mayor parte de los problemas de los cultivos en los Estados Unidos. La mosca de la fruta deposita sus huevos en frutos en desarrollo. La fruta se convierte en alimento para las

Mosca frutera mediterránea

moscas nuevas. Esto daña la fruta. Muchos de estos frutos no pueden ser vendidos o tienen que ser vendidos a precios más baratos.

La mosca blanca de hoja plateada se alimenta de la savia de las plantas y puede transmitir bacterias de una planta a otra. Se sabe que esta mosca blanca ha atacado a más de 500 plantas diferentes, incluyendo plantas de maní, algodón y tomate.

Mosca blanca de hoja plateada

Abeja africana

La abeja africana fue traída a Brasil en 1956 para aparearse con las abejas europeas. La gente esperaba que estos insectos híbridos producirían más miel.

La abeja africanizada se propagó de América del Sur al sur de Estados Unidos en la década de 1990. Estas abejas no son cuidadosas al elegir dónde anidar. Un neumático viejo, un buzón o un galpón les sirve de nido perfecto. Los seres humanos fácilmente pueden entrar en contacto con estas abejas **agresivas**. Son muy rápidas en proteger sus colmenas y persiguen y pican a los seres humanos y animales que invaden sus territorios. Estos enjambres de "abejas asesinas" han causado varias muertes humanas.

El mosquito tigre asiático puede transportar el virus del Nilo occidental y puede transmitirlo a los seres humanos. El virus del Nilo occidental ha estado dando vueltas desde 1937, pero Estados Unidos diagnosticó su primer caso en 1999. Las personas más sanas que tienen el virus del Nilo occidental pueden sentirse enfermas durante unos días. La mayoría se recupera por completo. Pero para algunas personas mayores, personas que ya estén enfermas, o las mujeres embarazadas, el virus puede ser perjudicial. Algunas personas pueden experimentar daño cerebral permanente o incluso morir. Los animales y las plantas invasoras también afectan la calidad de vida de muchas personas.

Mosquito tigre asiático

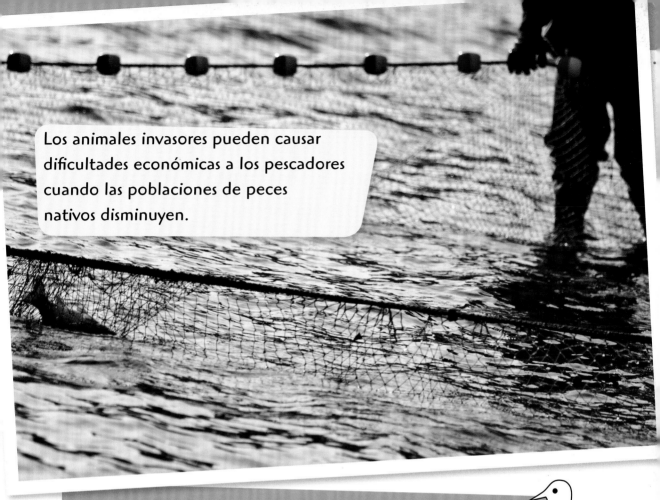

Los animales invasores pueden causar dificultades económicas a los pescadores cuando las poblaciones de peces nativos disminuyen.

¿SABÍAS QUE...?

Se estima que las **especies invasoras**, incluyendo a las plantas invasoras, provocan pérdidas de 138 billones de dólares en daños cada año. Este estimado representa gastos tales como pérdidas en la producción de cultivos y la pérdida de ingresos por la disminución del turismo y la recreación.

Las personas que disfrutan de actividades al aire libre como la caza y la pesca pueden verse afectadas por el declive de las especies nativas. La pérdida de hábitat puede afectar negativamente también a los parques y reservas naturaleza que muchas personas disfrutan.

Capítulo 4

LOS PEORES INVASORES

Todas las especies invasoras causan daños. Algunas especies invasoras han alterado seriamente los hábitats nativos.

La serpiente marrón arborescente es nativa de Australia e Indonesia. Esta serpiente se introdujo en Guam, territorio de Estados Unidos, en la década de 1950. Es probable que fuera traída en una carga importada. La serpiente marrón arborescente no tiene depredadores naturales en Guam. Desde entonces, esta serpiente ha eliminado a varias especies nativas de aves y lagartos, ha matado animales domésticos y ganado y ¡hasta ha causado apagones al subirse a los cables eléctricos!

Serpiente marrón arborescente

El mejillón cebra
es un pequeño
molusco de agua
dulce. Es nativo de
los mares Caspio y
Negro. Los mejillones
cebra fueron observados
por primera vez en los grandes
lagos en la década de 1980. Desde
entonces se han extendido al río Missisipi y
muchos ríos pequeños. Las naves grandes
los introdujeron. Estas naves se llenan
parcialmente de agua nativa para navegar
y luego la sueltan cuando llegan a **puerto**.
Los mejillones cebra jóvenes flotan y pueden
expandirse por las corrientes de agua. Los
mejillones cebra adultos se adhieren a los barcos,
las tuberías de entrada de agua, a los cangrejos,
tortugas y otros animales nativos. Esto interfiere
con el movimiento, reproducción
y alimentación de las
especies nativas.

Lago Superior

Lago Michigan

Lago Hurón

Lago Ontario

Lago Erie

Río Mississippi

Una vez que los mejillones cebra se establecen en un cuerpo de agua, no pueden ser eliminados.

33

La hormiga roja de fuego importada, es nativa de América del Sur. Ahora se encuentra en el sureste de Estados Unidos. Las hormigas fueron introducidas accidentalmente en suelos traídos en barcos. Estas hormigas pueden causar dolorosas picaduras a los seres humanos, animales domésticos y el ganado. La picada deja una ampolla que puede infectarse. Estas hormigas destruyen árboles y cultivos. Es difícil deshacerse de las hormigas rojas de fuego importadas porque se parecen a las hormigas nativas.

Hormigas rojas de fuego importadas

Nutria

Las nutrias fueron introducidas en Luisiana para usar su piel. Cuando el mercado de la piel disminuyó en la década de 1940, los animales fueron puestos en libertad en la naturaleza. La nutria puede encontrarse ahora en todo el sureste de Estados Unidos, donde tienen pocos depredadores naturales. Se reproducen rápidamente y destruyen hábitats del humedal pues se comen las raíces de las plantas. La nutria come también cultivos como la caña de azúcar y el maíz. Además de portar enfermedades que pueden transmitirse a otros animales y seres humanos.

Barrenador esmeralda del fresno

El barrenador esmeralda del fresno es originario de Asia. Ahora se encuentra en 13 estados de los Estados Unidos. Este insecto probablemente llegó a Estados Unidos en cajones de madera y materiales de embalaje. El barrenador esmeralda del fresno infesta los fresnos, los debilita y finalmente los mata.

Los animales que dependen de los fresnos para su alimentación y refugio se ven afectados negativamente. La madera de fresno se utiliza en pisos y muebles, así que la pérdida de estos árboles también tiene repercusiones económicas.

Las aves que viven en los fresnos son desplazadas cuando ataca el barrenador esmeralda.

¿SABÍAS QUE...?

El ratón casero es común en los Estados Unidos, pero se puede encontrar en muchos lugares en todo el mundo. Se cree que el ratón es originario de Asia. Fue traído a las Américas en las naves de los primeros exploradores europeos. El ratón casero vive cerca de los seres humanos. Los ratones caseros pueden reproducirse rápidamente y a menudo propagan enfermedades. También son capaces de destruir los cultivos.

Capítulo 5

CÓMO CONTROLAR LAS ESPECIES INVASIVAS

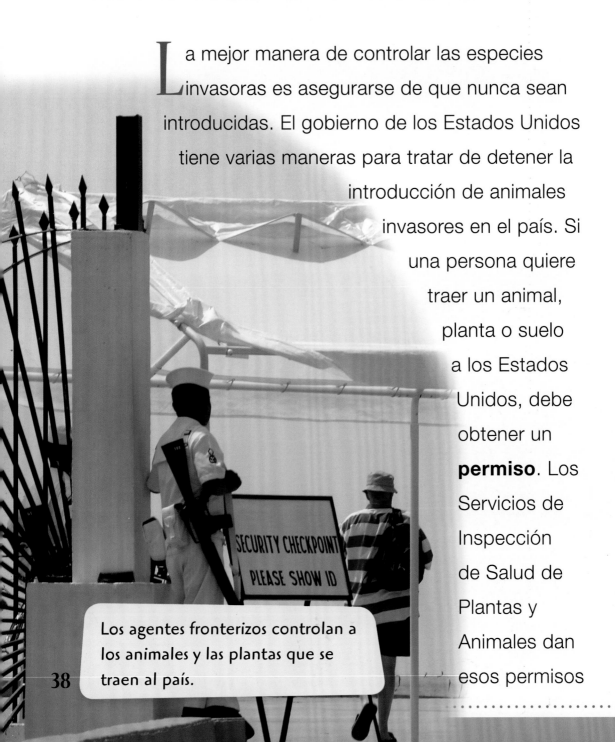

La mejor manera de controlar las especies invasoras es asegurarse de que nunca sean introducidas. El gobierno de los Estados Unidos tiene varias maneras para tratar de detener la introducción de animales invasores en el país. Si una persona quiere traer un animal, planta o suelo a los Estados Unidos, debe obtener un **permiso**. Los Servicios de Inspección de Salud de Plantas y Animales dan esos permisos

Los agentes fronterizos controlan a los animales y las plantas que se traen al país.

38

que ayudan a asegurarse de que el animal, la planta o el suelo son seguros.

Cuando una persona pasa por una frontera de los Estados Unidos, debe pasar por una inspección. Estas se realizan para asegurarse de que no se introduzcan ilegalmente plantas y animales en el país. El gobierno y los grupos ambientalistas han educado a empresas internacionales y a socios comerciales sobre los posibles riesgos de las especies invasivas.

Estados como Oregón han desarrollado proyectos para deshacerse de las poblaciones de cerdos salvajes.

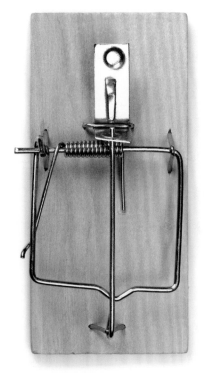

En algunos lugares, la captura ha sido un método eficaz para controlar las poblaciones de las especies invasoras.

Una vez que se introduce una especie invasora, los científicos, el gobierno, las organizaciones y grupos de voluntarios trabajan para combatir la propagación de estas especies dañinas. Estas especies invasoras raramente pueden eliminarse completamente, pero se pueden controlar.

Los controles mecánicos incluyen la quema de nidos, la caza, la captura o la colocación de barreras para que los animales no puedan pasar. Por ejemplo, la nutria ha quedado atrapada en el sur de los Estados Unidos. Los montículos de hormigas rojas de fuego importadas han sido quemados. Se han creado barreras para que los mejillones cebra no se adhieran a las tuberías de entrada de agua.

Los controles químicos son la aplicación de productos químicos para controlar las poblaciones de las especies invasoras. Esto puede incluir los pesticidas e insecticidas para deshacerse de las plagas. Algunos controles químicos son eficaces, pero también pueden perjudicar a otras especies y a los seres humanos. Los productos químicos pueden llegar a los cultivos de los que se alimentan los seres humanos.

Los pesticidas pueden matar insectos problemáticos, pero a veces hacen daño al medioambiente.

Muchos grupos enseñan al público acerca de los animales invasores. ¡Trata de involucrarte!

El control biológico consiste en introducir otra especie que pueda controlar al animal invasor. Normalmente esto se hace mediante la introducción de un depredador que se comerá a las especies invasoras. Este método puede ser difícil de controlar. El depredador introducido puede aprovecharse de los animales nativos, o puede convertirse en una especie invasora por sí mismo.

A veces se realiza control biológico con un parásito. Un parásito obtiene su alimento viviendo cerca o dentro de otro organismo. El parásito puede enfermar individuos de las especies invasoras, causando su muerte o impidiéndoles reproducirse.

Una bacteria parásita llamada wolbachia se puede usar como control de poblaciones de mosquitos.

Es importante comprobar y limpiar los barcos por debajo antes de moverlos a un nuevo cuerpo de agua.

Hay muchas cosas que podemos hacer para evitar la introducción y propagación de especies invasoras.

Estos son pasos que puedes dar para proteger a especies animales y vegetales autóctonas.

- **Nunca sueltes mascotas en la calle.**

  Búscale un nuevo hogar a tu mascota.

- **Si pescas, nunca sueltes la carnada viva en la naturaleza.**

  Puedes introducir una especie no nativa en un nuevo entorno o contagiarle una enfermedad a los animales en ese hábitat.

- **Si tienes un barco, limpia su fondo antes de llevarlo a un lago o río nuevo.**

  Los dueños de barcos pueden transportar por casualidad hierbas malas invasivas, mejillones y peces a cuerpos de agua nuevos.

- **Si acampas, usa la leña local.**

  Los parásitos forestales pueden ser transportados a nuevos hábitats por gente que trae leña de su casa.

- **Planta especies nativas en tu patio.**

  Estas plantas pueden proporcionar hábitats naturales a animales y preservar la diversidad en el ambiente.

- **Si viajas, nunca traigas plantas o animales a casa.**

  Podrías liberar a un parásito por casualidad.

Muchos insectos pueden vivir dentro de la leña y ser transportados junto con ella.

Glosario

agresivo: estar dispuesto a pelear o a confrontar

animales nativos: los animales que existían en sus hábitats antes de la llegada de los seres humanos

animales no nativos: los animales que han sido llevados a una nueva ubicación

biodiversidad: la cantidad y variedad de los seres vivos en un área

cadena alimentaria: un orden de animales y plantas en el que cada uno se alimenta del que está debajo

ecosistema: una comunidad de plantas, animales y el medioambiente que funcionan como una unidad

especies invasoras: tipo de planta o animal no nativo que hace daño en su nuevo hábitat

establecerse: introducir, crecer y multiplicarse

extinción: el acto de no existir más

ganado: animales mantenidos o criados para su uso y beneficio

hábitats: lugares o ambientes donde una planta o un animal vive y crece

infestación: propagación de algo de una manera negativa

intencional: hecho a propósito

involuntaria: hecho por accidente

mejillones: animales de agua dulce, con conchas

permiso: licencia escrita para hacer algo

puerto: pueblo o ciudad donde se reciben o salen naves de carga

prosperar: desarrollarse bien

salvaje: sin control, no domesticado

silvestre: salvaje

Índice

abejas africanizadas 29

animales silvestres 12, 23, 26, 27, 39

barrenador esmeralda del fresno 36, 37

biodiversidad 24, 25

cadenas alimentarias 25, 26

caracol del fango de Nueva Zelanda 27

control 38, 40, 41, 43

chicharrita de alas cristalinas 27

daño 9, 12, 15, 19, 21, 22,
   23, 24, 26, 27, 28, 29, 30, 31,
   32, 33, 34, 35, 36, 37

estornino europeo 19

hormiga roja de fuego importada 16, 34, 40

mejillón cebra 11, 33, 40

mosca blanca de hoja plateada 28

mosca frutera mediterránea 28

mosquito tigre asiático 30

nutria 11, 20, 35, 40

orugas de la polilla gitana europea 27

pitón birmana 21

ratón casero 37

sapo de la caña 5

sapo (rana) toro 22

serpiente arborescente marrón 32

Sitios de la internet

http://animal.discovery.com/videos/animal-invaders/

www.glerl.noaa.gov/res/Programs/ncrais/kids.html

www.sciencenewsforkids.org/articles/20040512/Feature1.asp

www.sgnis.org/kids/

Sobre la autora

Amanda Doering Tourville es autora de más de 50 libros para niños. Ella espera que los niños aprendan a amar la lectura tanto como ella. Cuando no escribe, Amanda disfruta leer, viajar e ir de excursión. Vive en Minnesota con su marido.